LA CONSTITUTION

DE 1875

ET LES ÉLECTIONS

DE 1877

> Le concours des gens de bien forme l'opinion publique qui n'est jamais sans force.
>
> (MABLY, *des Droits et des Devoirs du Citoyen*, Lettre 4ᵉ.)

PAR UN ÉLECTEUR

Petit Propriétaire.

PARIS

LIBRAIRIE DE PROPAGANDE

RENÉ HATON, ÉDITEUR

33, RUE BONAPARTE, 33

1877

LA CONSTITUTION

DE 1875

ET LES ÉLECTIONS

DE 1877

Le concours des gens de bien forme l'opinion publique qui n'est jamais sans force.

(MABLY, *des Droits et de Devoirs du Citoyen*, Lettre 4°.)

PAR UN ÉLECTEUR

Petit Propriétaire.

PARIS

LIBRAIRIE DE PROPAGANDE

RENÉ HATON, ÉDITEUR

33, RUE BONAPARTE, 33

—

1877

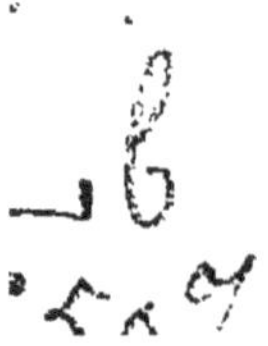

LA CONSTITUTION

DE 1875

ET LES ÉLECTIONS

DE 1877

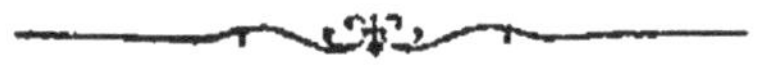

> Le concours des gens de bien
> forme l'opinion publique qui n'est
> jamais sans force.
>
> (MABLY, *des Droits et des
> Devoirs des Citoyens*, Lettre 4e).

De tout temps on a vu les hommes négliger l'étude du passé qui nous apprend cependant beaucoup de choses, et, préoccupés des mille nécessités présentes, ils ne voient pas toujours exactement ce qui les entoure, et ne s'en rendent pas nettement compte. Les questions actuelles de politique, traitées par les journaux au jour le jour, se présentent à leur esprit avec une mobilité d'aperçus qui ressemblent assez aux figures du kaléidoscope, elles frappent un instant, mais elles ne laissent aucune trace utile.

Dans les circonstances difficiles et décisives où nous nous trouvons, et qui réclament le concours actif de tous les citoyens, nous voulons ici appeler l'attention publique sur quelques-unes de ces questions qui intéressent à la fois la famille et la prospérité de l'Etat.

I.

L'Assemblée nationale constituante a organisé, par la loi du 25 février 1875, les pouvoirs publics appelés à fonctionner après sa séparation. Ces pouvoirs comprennent : le Président de la République, le Sénat, la Chambre des députés. Disons un mot sur chacun d'eux.

D'après la loi constitutionnelle, le Président de la République est élu par le Sénat et par la Chambre des Députés réunis en Assemblée nationale. Le Maréchal de Mac-Mahon n'a pas été soumis à cette élection, parce que la loi du 20 novembre 1873 fixe la durée de ses pouvoirs. Cette circonstance lui fait une situation exceptionnelle, antérieure à la Constitution actuelle et en dehors d'elle.

Le rôle du Sénat dans la Constitution est celui d'un pouvoir modérateur, et, à ce titre, dans les projets de constitution élaborés en commission, le gouvernement était appelé à nommer un certain nombre de Sénateurs. Le Maréchal, dans un Message, a déclaré, à ce moment, qu'il ne tenait pas à jouir de cette prérogative. Cette déclaration a été inspirée par un noble mouvement, plein de désintéressement et de loyauté. Mais le gouvernement des peuples a des exigences qui imposent à l'homme d'État des devoirs d'un ordre supérieur qui ne se pèsent pas dans la balance des sentiments. Le Ministère, en cette occasion, a mal conseillé le Maréchal et partage avec lui cette grosse faute politique.

Qu'est-il arrivé de là ? l'Assemblée Nationale a été appelée à élire les soixante-quinze Sénateurs à vie, destinés à former un noyau pondérateur ; mais, sous l'influence des partis extrêmes qui se sont entendus pour cette élection, elle a précisément choisi des hommes qui n'auraient pas dû entrer au Sénat par cette voie. Ce choix en a faussé tout d'abord le principe et l'institution ; les élections sénatoriales des départements ont donné des résultats meilleurs, mais elles n'ont contribué qu'à pallier le mal.

La Chambre des Députés, nommée par le suffrage universel, sera toujours plus ou moins l'image de ses électeurs. Voilà la Constitution de 1875 vue pratiquement à la surface, quant à ses principes fondamentaux, nous les étudierons dans le chapitre suivant ; présentement voyons fonctionner ces trois pouvoirs une fois réunis. Le Président de la République a l'initiative des lois concurremment avec les deux autres pouvoirs ; il en surveille et en assure l'exécution : la présidence est essentiellement un poste d'observation. Le Sénat, composé d'éléments disparates, sans cohésion, n'a pas pu faire sentir de suite l'autorité de son rôle conservateur; la Chambre des Députés est, des trois facteurs constitutionnels, celui qui va donner le mouvement d'où dépendra la marche à imprimer au rouage gouvernemental.

Elle s'est bien vite fait connaître; elle ne s'est pas regardée comme membre d'un corps dont les parties se prêtent une force mutuelle; elle n'a pas pensé que la communauté des travaux exigeait la confiance et l'union entre les trois pouvoirs, sentiments nécessaires pour fortifier la nouvelle Constitution, en assurer le succès et travailler par là au bonheur public. Les Députés élus en février 1876 étaient, en majorité et avant tout, des hommes de parti, aventureux, mus par toutes sortes de petites passions, et voulant exercer leur mandat, comme s'ils venaient faire des essais dans un laboratoire.

Dès le début, ils se sont montrés durs et partials pour leurs collègues de la minorité; vinrent ensuite les interpellations politiques de toutes sortes, les motions les plus étranges comme celle de l'amnistie des condamnés de la Commune; des députés proposaient des changements profonds à des lois nouvelles qu'on n'avait pas appliquées depuis assez longtemps pour apprécier exactement leur valeur. Les projets de lois présentés par le gouvernement étaient ajournés ou bouleversés par la Chambre, témoin cette loi pour des tronçons de divers chemins de fer sur laquelle cependant les Compagnies intéressées étaient d'accord. Notons toutefois, pour être juste, une loi sur le service hospitalier de l'armée votée par la Chambre. Le Sénat n'a pas été plus heureux avec elle. Une loi sur l'administration de l'armée, après avoir été longuement étudiée par des Commissions parlementaires, a été votée par le Sénat ; la Chambre en a été saisie à son tour ; une Commission a été nommée, elle s'est réunie trois fois en trois mois et pour ne rien faire.

Le budget a été pour elle l'occasion de toucher aux institutions existantes qui lui déplaisaient : son antipathie religieuse s'est révélée dans tout son jour à l'occasion du chapitre de St-Denis, de l'aumônerie militaire, du traitement des desservants. Dans de récents remaniements de solde, la Chambre a maltraité les officiers de certains grades dans la gendarmerie; même mauvais vouloir à l'égard des généraux de l'armée pour *leurs frais de service.....* J'en passe et des meilleurs.

A la tribune de la Chambre, on donnait volontiers à entendre que les questions qui s'y agitaient n'étaient pas de la compétence du Maréchal-Président et ne le touchaient pas; c'était lui refuser sa part d'action dans le gouvernement. Quand au Sénat, tantôt on le ménageait pour obtenir son concours, tontôt on le signalait dédaigneusement comme le refuge du parti religieux qu'on appelait clérical; bien que la religion soit à un rang qui la met au-dessus et en dehors des partis.

Avec une Chambre qui prétendait être le seul pouvoir dirigeant, le rôle des ministres délégués du pouvoir exécutif était impossible. C'est ce qui fut mis en évidence, sous le ministère de M. Jules Simon dans deux occasions qui se suivirent de près. Il avait été convenu, en conseil des ministres, que le ministère, au nom du gouvernement, combattrait deux dispositions que la Chambre voulait faire prévaloir : la publicité des conseils municipaux et l'abrogation d'une loi sur la presse votée il y a moins de deux ans. La Chambre réussit dans son entreprise ; le chef du cabinet et le garde des sceaux s'abstinrent de prendre la parole, dans la crainte de constater trop clairement qu'ils n'avaient pas l'influence nécessaire pour empêcher ce vote.

Cet expédient compromettait non-seulement les ministres, mais encore le pouvoir exécutif dont l'action était paralysée.

De tout ceci il résulte évidemment que la Chambre n'était nullement pénétrée de ses devoirs de député qui lui imposaient l'obligation de concourir, avant tout, avec les deux autres pouvoirs, à l'élaboration des lois nécessaires aux intérêts publics de chaque jour. Une constitution ne vit qu'à la condition de fonctionner ; suspendre son mouvement, c'est la paralyser, l'anéantir ; c'est ce que faisait la Chambre. Si elle espérait qu'à elle seule elle pourrait faire prévaloir des doctrines économiques inacceptables, c'était de sa part une vaine

illusion et de plus une faute grave, car elle
entretenait l'agitation et le trouble qui
devaient aboutir forcément à un échec et
à la dissolution.

Ces agissements nous ont montré cependant
un bon côté de notre nouvelle Constitution
elle est bien faible assurément, mais elle
a pu néanmoins, sans trop de peine, grâce
à un Président d'une loyauté à toute épreuve
et avec un Sénat à moitié bon, triompher
d'une Chambre révolutionnaire et socialiste

Notre Constitution peut donc nous préser
ver du mal ; des élections nouvelles nou
donneront une Chambre meilleure, nou
n'en doutons pas ; nous nous expliqueron
plus en détail sur ce point dans notre con
clusion. Quoi qu'il en soit, ces bases cons
titutionnelles sont trop mobiles, trop incer
taines pour assurer la stabilité d'un gran
Etat. Nous allons signaler aux Electeurs d
1877 quelques points de vue qui pourro
provoquer leurs réflexions et leur montre
dans les élections prochaines, la nécessi
de faire des choix qui seront à la fois un
garantie pour le présent et une sécuri
pour la révision de la Constitution en 188

II.

La Constitution porte que la Chambre des députés est nommée par le suffrage universel : on est généralement disposé à voir dans ce mode d'élection la source de tous les embarras dont souffre notre pays. Nous pensons, nous, que le mal dont nous nous plaignons, et qui est considérable, est moins dans le nombre des Electeurs que dans les pouvoirs qu'on attribue à ce nombre.

La doctrine de la vile multitude, pour dire le mot cru, sacrifiée au suffrage restreint, est une doctrine payenne ; respecter le nombre et lui reconnaître des droits est une doctrine catholique. L'homme a une âme qui, devant Dieu, le met sur le même rang que le premier potentat de la terre, à la condition que cet homme connaisse et pratique la loi de Dieu. Or celle-ci trace à l'homme ses devoirs envers Dieu et envers la société ; et la société, de son côté, demande à l'homme des services de diverse nature, selon qu'il s'élève dans l'ordre social. Si on nous objectait qu'il y a des personnes qui ne croient pas en Dieu, nous dirions qu'elles sont d'accord cependant pour reconnaître qu'il y a une loi naturelle; cette loi naturelle nous suffit pour faire comprendre notre pensée.

On reproche à la multitude son ignorance, le fait est incontestable; sans doute, si on y regarde de près et par un certain côté, on peut affirmer que l'ignorance est le partage de l'humanité : entrez chez un fabricant, il constatera l'ignorance de la plupart des personnes qui visiteront ses ateliers; la même remarque sera faite s'il s'agit de science, d'art, etc. Mais il y a une autre sorte d'ignorance qui est propre à la multitude et que nous appelons moutonnière. Quand, à côté de l'homme sérieux, raisonnant ce qu'il fait, appliqué à son travail, nous voyons d'autres hommes vivant au jour le jour, imprévoyants, dissipateurs, nous disons que ces derniers ont l'ignorance moutonnière; ils sont crédules, jaloux, envieux, taquins; ils donnent raison au premier venu, si celui-ci fait appel à toutes les passions petites et mauvaises dont ces hommes sont susceptibles.

Cependant ils sont tous appelés indistinctement à nommer des Députés qui doivent, dans l'intérêt public, traiter des questions de toutes sortes : questions administratives, juridiques, diplomatiques, économiques, financières, etc. On peut être sûr d'avance que ces élus du suffrage universel, pris en masse, seront moins aptes à remplir leur mission que s'ils étaient choisis par un nombre d'Electeurs plus restreint et plus instruit.

Autre remarque : quand le chef de l'Etat, bien conseillé, voudra prendre ses ministres parmi les élus de ces deux sortes de suffrage, universel ou restreint, on est certain qu'il saura distinguer quels sont les meilleurs. Ceux-ci se reconnaissent à des signes infaillibles. Plus l'homme s'élève par son travail et par son intelligence, plus son esprit se développe et grandit ; plus il s'affranchit de passions mesquines qui l'entourent ; plus ses préjugés se dissipent, mieux il voit le but auquel il doit tendre, et plus son dévouement lui inspire des actes à la hauteur de ses pensées.

Qu'un contradicteur plus ou moins hostile

ne se donne pas le facile plaisir, pour nous trouver en défaut, d'aller au-delà de notre pensée ; qu'il nous permette de la développer jusqu'au bout, il nous critiquera ensuite tout à son aise. D'après la Constitution , le Président nomme ses ministres ; le suffrage restreint, les Sénateurs ; le suffrage universel, les députés. Ces trois pouvoirs sont loin d'être égaux entre eux. Ils ont tous les trois l'initiative des lois, mais le Président ne peut pas se refuser à promulguer des lois votées par le Sénat et par la Chambre. Le droit de rejeter une loi appartient exclusivement aux deux Chambres, et elles peuvent même abroger celles dont le Président doit surveiller et assurer l'exécution ; c'est le désarmer et le réduire à l'impuissance.

Enfin, la Chambre a le droit presque absolu de voter l'impôt. Pourquoi ce dernier privilége ? par imitation avec ce qui se fait en Angleterre et avec ce qui s'est fait en France au temps de la royauté. Mais le pouvoir royal qui n'existe plus nommait les Pairs de France, et ils sont héréditaires en Angleterre. Cette hérédité du pouvoir royal et de la Chambre des Pairs est contrebalancée par une Chambre des Communes ou des Députés nommée par un suffrage restreint ; ce régime a sa raison d'être, et la balance penche encore du côté de l'hérédité. Aujourd'hui, en France, il n'y a que le suffrage universel, sans contre-poids réel dans la balance.

Il est juste, il est libéral qu'on fasse au nombre une part dans l'administration des affaires publiques ; mais faut-il encore qu'on donne à ce pouvoir un certain équilibre et un contre-poids. Des trois pouvoirs constitutionnels, celui du Président de la république est en réalité le plus faible ; il serait juste qu'il fut au moins égal à celui du Sénat, et voici dans quel sens la Constitution devrait être réformée. Il faut qu'une loi, une fois promulguée, ne puisse être abrogée que du consentement des trois pouvoirs. Quant aux lois de finances et autres émanant de l'initiative présidentielle, elles seront discutées par les deux Chambres, mais elles pourront être promulguées par le Président après le vote favorable de l'une d'elles.

Au lieu de la dissolution de la Chambre,

si, au seize mai dernier, les Pouvoirs publics, par suite d'un de ces malheurs im-
prévus qui frappent les familles aussi bien
que les États, avaient été appelés à élire
un Président au terme de la Constitution
l'élection d'un radical était presque cer-
taine. Pour conjurer ce péril, il faut que le
Sénat et la Chambre délibèrent séparément
et qu'en cas de dissidence le choix du Sénat l'emporte sur celui de la Chambre.

Aujourd'hui, quand il vote, le suffrage
universel n'accomplit pas un acte constitu-
tionnel ; il met seulement un grand nombre de voix à la disposition du parti socialiste, qui marche à l'assaut de la Constitution pour la renverser. Son succès, qui es
inévitable, si on n'y met pas ordre, amè-
nera infailliblement une révolution. L
suffrage universel, qui fonctionne en vert
de la Constitution, substitue une forc
aveugle et inconsciente aux droits impres
criptibles d'une sage raison et du sens com
mun. Le vote de la multitude n'est légitim
que s'il a pour but de faire l'éducation po
litique de tous, et il faut par conséquen
que les députés, ses délégués constitution

nels, n'aient pas des pouvoirs égaux ou supérieurs à ceux du Sénat et du Pouvoir exécutif. Réduit à ces termes, le suffrage universel prendra une meilleure direction; au lieu d'attaquer les deux autres Pouvoirs et de suivre une route qui conduit aux abîmes, il aura le champ libre pour faire une opposition constitutionnelle, qui ne pourra jamais entraver la marche gouvernementale et qui, dans des circonstances données, lui permettra de concourir à des réformes utiles, dont l'initiative sera son ouvrage.

Voilà les réformes urgentes que réclame la Constitution de 1875 pour être la base d'une république vraiment conservatrice; telle qu'elle est, elle ne nous offre aucune sécurité, ni pour le présent, ni pour l'avenir. Heureusement nos lois constitutionnelles sont susceptibles de révision en tout ou en partie.

Nous venons de signaler la nécessité de la révision partielle; quant à la révision totale, nous donnerons la parole à un écrivain, qui a traité de la république il y a trois cents ans, Jean Bodin. D'Aguesseau

a dit de lui : « Digne magistrat, savant au-
teur, très-bon citoyen. » Et, en ce temps-
ci, M. Henri Baudrillart le juge en ces termes : « Écrivain doué d'un esprit étendu et
» vigoureux, d'un savoir immense, qui ne
» sépare pas la morale de la politique.
» C'est ce qui contribue à maintenir la va-
» leur de son livre célèbre *La République,*
» le plus complet monument, comme on l'a
» dit avec raison, que la science politique
» ait élevé en France, avant *L'Esprit des*
» *lois de Montesquieu* (1). »

III.

Bodin donne au mot république le même
sens que Cicéron dans son fameux traité :
La chose publique. C'est ainsi que pour
Bodin le gouvernement de la chose publique peut être, une république démocratique,
république aristocratique ou république
monarchique. Voici quelques passages de

(1) Journal officiel du 16 juin 1877 p. 4,420,
colonne 1ʳᵉ.

son ouvrage qui sont de circonstance encore aujourd'hui (2).

Sur l'union des Pouvoirs, il dit : « Qui
» a jamais douté qu'il ne soit expédient
» voire nécessaire à toute république que
» les magistrats soient unis en même
» volonté, afin que tous ensemble d'un
» cœur et d'un consentement embrassent
» le bien public. Et ainsi la république
» bien ordonnée doit ressembler au corps
» humain auquel tous les membres sont
» joints et unis d'une liaison merveilleuse
» et que chacun fait sa charge ; néanmoins,
» quand il est besoin, l'un aide toujours à
» l'autre, l'un est secouru par l'autre, et
» tous ensemble se fortifient pour maintenir
» la santé, beauté et allégresse de tout le
» corps. Mais s'il advenait qu'ils entras-
» sent en haine l'un contre l'autre et
» qu'une main coupât l'autre, que le pied
» dextre surplentât le senestre, que les
» doigts crevassent les yeux et chacun

(2) Les six livres de la République de Jean Bodin, angevin. — A Lyon, 1580. vol. in-f°, 739 pages, plus la préface et les tables.

» membre empêchât son voisin, il est bien
» certain que le corps enfin demeurerait
» tronqué et mutilé et manquerait en
» toutes ses actions. Autant peut-on juger
» de la république, le salut de laquelle
» dépend de l'union et liaison amiable des
» sujets entre eux et avec leur chef : et
» comment pourrait-on espérer telle union,
» si les magistrats qui sont les principaux
» et qui doivent rallier les autres, sont en
» divorce (P. 419).

La meilleure République. « La tyrannie
» d'un prince est pernicieuse et celle de
» plusieurs encore pire ; mais il n'y a point
» de plus dangereuse tyrannie que celle de
» tout un peuple : toutefois elle n'est point
» encore si mauvaise que l'anarchie, où il
» n'y a forme de république, ni personne
» qui commande ou qui obéisse. Fuyons
» donc ces vices-là et faisons choix de la
» meilleure des trois formes, à savoir l'E-
» tat populaire, aristocratique ou royal : et
» afin que le tout soit le mieux éclairci, je
» mettrai les commodités et les incommo-
» dités de part et d'autre.

» On peut dire que l'Etat populaire est
» le plus louable, comme celui qui cherche
» une égalité de droiture en toutes lois,
» sans faveur ni acception de personnes.
» Car tout ainsi que la nature n'a point dis-
» tribué les richesses aux uns plus qu'aux
» autres, ainsi l'Etat populaire tend à éga-
» ler tous les hommes. Ces principaux
» points pour soutenir l'Etat populaire ont
» beau lustre en apparence, mais en effet
» ces raisons semblent aux toiles d'arai-
» gnées qui sont bien subtiles et déliées, et
» toutefois n'ont pas grande force. Car il
» n'y a jamais de république où cette éga-
» lité ait existé ; on agirait ainsi contre la
» loi de nature qui fait les uns plus avisés
» et plus ingénieux que les autres ; a or-
» donné les uns pour gouverner et les autres
» pour obéir ; les uns sages et discrets, les
» autres fols et insensés ; aux uns la force
» de l'esprit pour guider et commander,
» aux autres la force du corps seulement
» pour exécuter les mandements (*p*. 653,
» 654).

» Et comment pourrait un peuple rien
» conseiller de bien. Lui demander conseil

» comme on faisait anciennement aux ré-
» publiques populaires, n'est autre chose
» de demander la sagesse aux furieux. La
» république de Platon est une foire où
» tout se vend. En toute assemblée les voix
» sont comptées sans les peser, et toujours
» le nombre des fols, des méchans et des
» ignorans est mille fois plus grand que
» celui des gens de bien. Si le peuple qui
» ne reçoit point de commandement en nom
» populaire, n'a pas de bonnes lois et or-
» donnances devant les yeux comme flam-
» beaux pour le guider, l'Etat sera bientôt
» renversé (*p.* 655, 661).

» La fin de l'État populaire est de ban-
» nir la vertu. Débordé en toute licence, il
» tend à la communauté de toutes choses
» (*p.* 656, 658, 660).

» Il semble que Dieu a distribué ses
» biens et ses grâces aux pays et aux peu-
» ples par telle mesure qu'il n'y a per-
» sonne qui n'ait besoin d'autrui, afin que
» par les bienfaits et plaisirs mutuels, cha-
» cun peuple en particulier et tous en
» général soient contraints de traiter allian-
» ces et amitiés entre eux, comme il se

» voit au corps humain qui est la figure
» de la république bien ordonnée, il n'y a
» membre qui ne donne et reçoive secours
» des autres et celui qui semble être le
» plus oisif, digère la nourriture à tous les
» autres. J'ai voulu user de cet exemple
» pour montrer les inconvénients qui sui-
» vent l'État populaire, afin de réduire à
» la raison ceux qui s'efforcent de sous-
» traire les sujets de l'obéissance de leur
» prince naturel pour une fausse espérance
» de liberté qu'on leur donne, en établis-
» sant la république sous forme populaire
» qui n'est autre chose, en effet, que la
» plus pernicieuse tyrannie qu'on puisse
» imaginer, si elle n'est gouvernée par
» gens sages et vertueux pour manier le
» gouvernail. Aussi, les plus grands per-
» sonnages qui furent onques ont reprouvé
» l'État populaire (*p.* 662).

» Voyons si l'aristocratie est meilleure
» que les autres, comme plusieurs sont
» d'avis. La puissance de commander en
» souveraineté doit être baillée par raison
» naturelle aux plus dignes : or, la dignité
» ne peut être qu'en vertu, en noblesse ou

» en biens, ou les trois ensemble ; si donc
» l'on veut choisir l'un des trois ou con-
» joindre les trois ensemble, l'État sera
» toujours aristocratique : car les nobles,
» les riches, les sages, les vaillans hommes,
» sont toujours la moindre partie des
» citoyens. En tous temps et assemblées la
» plus grande partie emporte toujours la
» plus saine et la meilleure ; et plus il y a
» d'hommes, moins a d'effet la vertu, la
» sagesse, la prudence, tout ainsi qu'un
» peu de sel en un lac perd sa force : en
» sorte que les gens de bien seront toujours
» vaincus en nombre par ceux qui seront
» les plus vicieux et les plus ambitieux
» (*p*. 663, 664).

» Les factions sont la ruine de l'État
» aristocratique ; alors le menu peuple
» prend les armes, secoue le joug ; ôte la
» segneurie aux gentilhommes, en 1506,
» il fait une ordonnance par laquelle nul
» ne pouvait être duc de Gènes, s'il n'était
» roturier ; depuis, une autre ordonnance
» défendait que les gentilshommes eussent
» plus du tiers des offices ; et, bientôt

» après, le peuple en exclut totalement la
» noblesse, élut huit tribuns et nomme un
» teinturier pour duc de Gênes (*p.* 666).

« Voilà les commodités et les incommo-
» dités de l'État populaire et aristocra-
» tique; reste maintenant à parler de la
» monarchie que tous les plus grands per-
» sonnages ont préféré aux autres répu-
» bliques (*p.* 668).

» Nous voyons néanmoins qu'elle est
» sujette à plusieurs dangers, comme de
» tomber en guerre civile par la division
» de ceux qui aspirent à la couronne. Et
» supposé qu'il n'y ait aucun débat pour la
» monarchie, si est-ce que si le monarque
» est enfant, il y aurait division pour le
» gouvernement entre la mère et les prin-
» ces. Aussi Dieu, pour se venger des peu-
» ples, les menace de leur bailler pour
» prince des enfants et des femmes
» (*p.* 669).

« Ce n'est pas assez dire que la monar-
» chie royale et légitime est meilleure que
» la démocratie et aristocratie, si on ne

» dit monarchie dévolue par droit succes-
» sif au mâle le plus proche de nom et
» hors partage (*p.* 678).

. » Un roi trouve aux livres de beaux se-
» secrets que personne n'ose lui dire
» (*p.* 629).

*Bodin, dans sa préface, résume comme
suit la pensée principale de son ouvrage;
il y fait allusion aux horreurs des guerres
de la Ligue, dont il a été témoin et acteur.
Il est mort en 1596, l'année qui a suivi
la réconciliation de Henri IV avec le pape
Clément VIII.*

« La conservation des royaumes et em-
» pires et de tous les peuples dépend, après
» Dieu, des bons princes et sages gouver-
» neurs, c'est bien raison que chacun les
» assiste, soit à maintenir leur puissance,
» soit à exécuter leurs saintes lois, soit à
» ployer leurs sujets par dits et écrits qui
» puissent réussir au bien commun de tous
» en général et de chacun en particulier.
» Et si cela est honnête et beau à toute per-
» sonne; maintenant il nous est nécessaire

» plus que jamais, car l'orage impétueux a
» tourmenté le vaisseau de notre république
» avec telle violence, que le patron et les
» pilotes sont comme las et épuisés d'un
» travail continuel; il faut bien que les
» passagers prêtent la main, qui aux voiles,
» qui aux cordages, qui à l'ancre, et ceux
» à qui la force manquera, qu'ils donnent
» quelque bon avertissement, ou qu'ils pré-
» sentent leurs vœux et leurs prières à
» Celui qui peut commander aux vents et
» appaiser la tempête, puisque tous en-
» semble courent un même danger; ce qu'il
» ne faut pas attendre des ennemis qui sont
» en terre ferme; ils prennent un singulier
» plaisir au naufrage de notre république,
» pour courrir aux épaves; déjà ils se sont
» enrichis du jet des choses les plus pré-
» cieuses qu'on fait incessamment pour sau-
» ver ce royaume qui fut autrefois grand et
» puissant; et maintenant qu'il est réduit
» au petit pied, ce peu qui reste est exposé
» en proie, par les siens mêmes, au danger
» d'être froissé et brisé entre les roches
» périlleuses, si on ne se met en peine de
» jeter les ancres sacrées, afin d'aborder,

» après l'orage au port de salut qui nous est
» montré du ciel, avec bonne espérance d'y
» parvenir, si on veut y aspirer. (Préface,
» *p.* 1re). »

IV.

Nous allons conclure en résumant succinctement ce travail. Dès le début de la réunion des Chambres en 1876, on a pu constater qu'il y avait antipathie d'humeur politique entre les trois pouvoirs appelés à la tête du gouvernement ; le mal s'accentuant de plus en plus, le Maréchal-Président, pour rester dans le limites constitutionnelles, a pris la résolution de dissoudre la Chambre, sur l'avis conforme du Sénat. Les députés au nombre de trois cent soixante-trois firent appel aux futures élections et exprimèrent l'espérance d'être envoyés dans la nouvelle Chambre, comptant sur les passions toujours impétueuses de la foule. De leur côté, les journaux de ce parti n'hésitent pas à déclarer que les trois cent soixante-trois une fois réélus, le

Maréchal sera dans l'obligation de donner sa démission.

Si les choses devaient se passer comme le prédisent ces révolutionnaires, la France réserverait au monde civilisé, pour l'exposition de 1878, un spectacle politique étrange et imprévu : on verrait un peuple, qui n'a pas su faire fonctionner sa Constitution, la plus inoffensive qui ait jamais existé, se mettre à la discrétion de trois cent soixante-trois socialistes. Mais, à l'admiration inspirée par les chefs-d'œuvre exposés, pourrait bien succéder une sorte de compassion pour ce peuple qui a perdu les qualités maîtresses qui constituent une grande nation : la force de caractère et le sentiment de sa dignité. Nous ne croirons jamais à un semblable abaissement de l'esprit public, avant de l'avoir vu. Mais en supposant que ce malheur arrive, le Maréchal a le cœur trop haut placé pour se retirer devant trois cent soixante-trois séditieux, sans patriotisme, et voulant déchirer la Constitution qu'ils devraient respecter. Quant au Président, il lui appartient de surveiller et d'assurer l'exécution des lois ; la Constitution est la première de toutes, il saura bien la faire fonctionner jusqu'à sa révision.

Quoi qu'il en soit, il est constant que l'élection d'une Chambre hostile au Maréchal-Président et à la Constitution apporterait un grand trouble dans la situation politique et commerciale de la France. Les Électeurs auront assez de prudence et de tact pour ne pas vouloir s'engager de gaieté de cœur dans une semblable aventure, et ils choisiront des députés franchement conservateurs.

L'écueil à éviter se présente sous deux aspects différents : le candidat peut être franchement radical, il peut aussi se dissimuler sous le masque de l'Appel au peuple ; il faut les repousser impitoyablement l'un et l'autre. M. Louis Blanc, à la Chambre des Députés (1), a dit en s'adressant aux conservateurs : « L'art de masquer l'abus des » choses par l'abus des mots est un art qui » ne vous est pas étranger. » Ce reproche

(1) *Journal Officiel,* 20 juin 1877, p. 4534, colonne 1re à la fin.

convient surtout aux partis qui invoquent sans cesse la *souveraineté nationale.....* *La loi des majorités, etc.....*, propositions fausses et équivoques qui, lorsqu'on les examine de près sont sans valeur réelle. Comment les partis interprètent-ils la loi des majorités? Voilà le Président, le Sénat et la Chambre en présence; les deux premiers de ces pouvoirs condamnent l'autre ; c'est là une loi de la majorité ; la Chambre ne l'entend pas ainsi, c'est la majorité de la Chambre qui doit dicter sa loi au Président et au Sénat. Il y a donc lieu pour s'entendre de définir cette loi au lieu de rester dans le vague. Et cette souveraineté nationale, quelle est-elle, comment s'exerce-t-elle ? Sa volonté sera-t-elle demain ce qu'elle est aujourd'hui ? Bodin nous a raconté, plus haut, quelques-uns de ses actes.

Quant à l'Appel au peuple, c'est bien mieux ! tant que la fortune a été propice à ce gouvernement, il se proclamait bien haut seul responsable, et, au nom de cette responsabilité, il demandait et obtenait tout ce qu'il voulait; l'adversité est venue, elle l'a frappé en nous frappant à coups redoublés ; aussitôt il n'est plus question de responsabilité ! L'Assemblée nationale a prononcé sa déchéance, n'importe ! appel au peuple !... Arrière ces ennemis du pays ! Ils ne rougissent pas des hontes, des désastres et des mutilations dont la France souffrira longtemps à cause d'eux, ils viennent le front haut poser des conditions au Maréchal-Président. Qu'ils rentrent donc en eux-mêmes ; qu'ils cherchent à faire oublier le passé en acceptant les faits accomplis et qu'ils comprennent que leurs intérêts bien entendus ne doivent pas se séparer de l'intérêt public !

Le Maréchal se propose de désigner aux Électeurs les candidats à la députation qui auront sa préférence. Comment faut-il interpréter cet acte présidentielle ? Il nous paraît irréprochable, plein de franchise et il veut dire ceci : Pour remplir ma mission, j'ai besoin d'une Chambre qui marche d'accord avec moi et avec le Sénat. Je vous désigne les candidats de mon choix, pour éviter tout équivoque et pour vous faire sentir que si j'ai ma part de responsabilité dans le gouvernement, vous avez aussi la vôtre en nommant des hommes qui doivent me seconder, au lieu de me tendre des embûches.

L'unité d'action, qui est un élément de succès dans les élections, demande souvent le sacrifice des préférences de chacun dans l'intérêt de tous. Suivons les conseils du vieux politique Bodin ; il a vécu dans un temps bien troublé ; depuis lors, trois cents années se sont écoulées, pendant lesquelles la France a eu son ère de grandeur ; aujourd'hui elle est encore réduite *au petit pied*. Pour la sauver, Bodin a fait un jour, nous l'avons vu plus haut, un chaleureux appel à tous les hommes de cœur, et il a été compris ; écoutons encore sa voix, choisissons des députés modérés, qui apportent l'apaisement et le calme dans les esprits, afin que, le moment venu, les Pouvoirs publics puissent, dans le recueillement de délibérations sérieuses, donner à la France un gouvernement monarchique, qui, au temps de Bodin comme au temps présent, peut seul lui rendre sa prospérité passée.

« Il y a dans tout, dit Champfort, une
» maturité qu'il faut attendre. Heureux
» l'homme qui arrive dans le moment de
» cette maturité. »

Mettons-nous résolument à l'œuvre pour
la préparer.